BEI GRIN MACHT SICH IHR WISSEN BEZAHLT

AF152657

- Wir veröffentlichen Ihre Hausarbeit,
  Bachelor- und Masterarbeit

- Ihr eigenes eBook und Buch -
  weltweit in allen wichtigen Shops

- Verdienen Sie an jedem Verkauf

Jetzt bei www.GRIN.com hochladen und kostenlos publizieren

Ernst Probst

Katerí Tekakwitha. Die erste selige Indianerin in Nord-amerika

GRIN Verlag

Bibliografische Information der Deutschen Nationalbibliothek:

Die Deutsche Bibliothek verzeichnet diese Publikation in der Deutschen National-
bibliografie; detaillierte bibliografische Daten sind im Internet über http://dnb.d-
nb.de/ abrufbar.

Impressum:

Copyright © 2014 GRIN Verlag GmbH
Druck und Bindung: Books on Demand GmbH, Norderstedt Germany
ISBN: 978-3-656-65807-8

Dieses Buch bei GRIN:

http://www.grin.com/de/e-book/273910/kateri-tekakwitha-die-erste-selige-indiane-
rin-in-nordamerika

GRIN - Your knowledge has value

Der GRIN Verlag publiziert seit 1998 wissenschaftliche Arbeiten von Studenten, Hochschullehrern und anderen Akademikern als eBook und gedrucktes Buch. Die Verlagswebsite www.grin.com ist die ideale Plattform zur Veröffentlichung von Hausarbeiten, Abschlussarbeiten, wissenschaftlichen Aufsätzen, Dissertationen und Fachbüchern.

Besuchen Sie uns im Internet:

http://www.grin.com/

http://www.facebook.com/grincom

http://www.twitter.com/grin_com

Ernst Probst

Kateri Tekakwitha

Die erste selige Indianerin
in Nordamerika

Bild auf der vorhergehenden Seite:

Ausschnitt aus einem Gemälde,
das nach dem Tod von Kateri Tekakwitha (1656–1680)
entstanden ist.
Dieses Bild wurde irgendwann zwischen 1682 und 1693
von dem Jesuitenpater Claude Chauchetière (1645–1709)
aus dem Gedächtnis geschaffen.

*Allen heute lebenden Indianerinnen
gewidmet*

*Kateri Tekakwitha
(1656–1680),
Zeichnung
eines unbekannten
Künstlers
von 1717*

Die „Lilie der Móhawk"

Nur 24 Jahre alt wurde die Indianerin Katerí Tekakwitha (1656–1680), die „Lilie der Móhawk". In ihrem kurzen Leben litt die tugendhafte junge Frau vom wildesten und grausamsten Stamm der Irokesen unter schweren Krankheiten, vielen Anfeindungen heidnischer Zeitgenossen sowie selbst auferlegten schmerzhaften Bußen. Nach ihrem frühen Tod geschahen Wunder, Gebetserhörungen und Heilungen. 1980 sprach man sie selig und 2012 heilig. Das Leben dieser ungewöhnlichen Frau wird in dem Taschenbuch „Katerí Tekakwitha. Die erste selige Indianerin in Nordamerika" des Wiesbadener Autors Ernst Probst geschildert. Aus seiner Feder stammen die Taschenbücher „Malinche. Die Gefährtin des spanischen Eroberers", „Pocahontas. Die Indianer-Prinzessin aus Virginia", „Cockacoeske. Die „Königin der Pamunkey", „Katerí Tekakwitha. Die erste selige Indianerin in Nordamerika", „Sacajawea. Die indianische Volksheldin", „Mohongo. Die Indianerin, die in Europa tanzte", „Lozen. Die tapfere Kriegerin der Apachen", „Sieben berühmte Indianerinnen" und „Superfrauen aus dem Wilden Westen".

Wallfahrtskirche in Auriesville –
vom Móhawk River aus gesehen –
zu Ehren der drei 1930 heilig gesprochenen Männer,
die einst an diesem Ort
von den Móhawk grausam gefoltert,
als Sklaven gehalten und ermordet wurden

Kateri Tekakwitha

Die erste selige Indianerin in Nordamerika

Als erste nordamerikanische Indianerin, die selig gesprochen wurde, ging Katharina Tekakwitha (1656–1680), eigentlich Kateri Tekakwitha, in die Geschichte der katholischen Kirche ein. Die tugendhafte junge Frau vom wildesten und grausamsten Stamm der Irokesen, den Móhawk, ließ sich nicht von ihrem christlichen Glauben abbringen. Nach ihrem frühen Tod nannte man sie die „Lilie der Móhawk".

Kateri Tekakwitha kam im April 1656 als erstes Kind des Kriegshäuptlings Tsonitówa („Großer Biber") und dessen Frau Kahónta („Wiese") in der Siedlung Ossernénon – heute Auriesville im US-Bundesstaat New York (USA) – zur Welt. Der jetzige Ortsname Auriesville beruht auf dem letzten Mohawk namens Auries, der dort gelebt hatte.

Dort, wo einst das alte Ossernénon lag, befindet sich heute eine große Wallfahrtskirche zu Ehren der drei 1930 heilig gesprochenen Männer, die einst an diesem Ort von der Móhawk grausam gefoltert, als Sklaven gehalten und ermordet wurden: René Goupil (1608–1642), Isaak Jogues (1607–1646) und Jean de La Lande (1620–1646).

René Goupil wurde am 29. September 1642 in Ossernénon mit Tomahawkschlägen auf den Kopf getötet, weil er einigen Kindern der Móhawk das

*Detail aus einem Mosaik in der Cathedral Basilica
von Saint Louis (Missouri).
Vorne steht der heilige Jesuitenpater Isaak Jogues (1607–1646),
links die heilige Kateri Tekakwitha (1656–1880),
rechts der heilige René Goupil (1608–1642).*

Kreuzzeichen auf die Stirn gemacht hatte. Er war am 3. August 1642 auf zwölf Kanus mit einer 40-köpfigen Reisegruppe von Québec zur Missionsstation Sainte-Marie-des-Hurons unterwegs gewesen und dabei von etwa 70 Móhawk überfallen worden. Einem Teil der Reisenden, darunter Húronen-Indianer, gelang die Flucht, andere verloren ihr Leben und 22 Personen gerieten in Gefangenschaft. Zu den Gefangenen gehörte der Huronen-Krieger Ahatsitari, der erst wenige Monate zuvor getauft worden war, der Chirurg René Goupil und der Missionar Isaak Jogues. Die Gefangenen wurden in drei Dörfern der Móhawk mit Ruten und Keulen geschlagen, man renkte ihnen die Hände aus, riss Fingernägel aus, hackte ihnen Finger ab und fügte ihnen mit brennenden Fackeln Brandwunden zu. Indianerkinder bewarfen die an Armen und Beinen gefesselten Gefangenen mit glühenden Holzstücken. Der Krieger Ahatsitari und zwei weitere Húronen starben einen langsamen und qualvollen Feuertod. Die am Leben gelassenen Gefangenen fristeten in Ossernénon ein trauriges Sklavendasein. Während der Gefangenschaft bei den Móhawk wurde der Chirurg Goupil vom Missionar Jogues in den Jesuitenorden aufgenommen. Nach dem Tod von Goupil hat man Jogues als Sklaven schuften lassen und drangsaliert. Erst nach 13-monatiger Sklaverei gelang holländischen Kalvinisten im rund 40 Meilen von Ossernénon entfernten „Fort Orange" die Befreiung von Jogues, dem damals das furchtbare Los drohte, langsam zu Tode verbrannt zu werden. Kommandant Arent van Corlaer (1619–1667) bewog Jogues,

Jesuitenpater Isaak Jogues (1607–1646),
Gravierung von Donald Guthrie McNab (gestorben 1923)

der von Móhawk mit ins Fort gebracht worden war, zur Flucht und half ihm dabei.

Trotz seiner leidvollen Erfahrungen reiste Jogues im Mai 1646 nach Ossernénon, um einen Friedensvertrag zwischen den Franzosen und den Móhawk, deren Sprache er gut beherrschte, auszuhandeln. Er kam am 5. Juni 1646 dort an, reiste am 16. Juni wieder ab und erreichte am 3. Juli wieder Québec. Im September 1646 reiste Jogues erneut nach Ossernénon, um weitere Details des Friedensvertrages zu regeln. Bevor er aufbrach, ahnte er seinen Tod und schrieb in einem Brief an einen Mitbruder, er werde wohl von dieser Mission nicht mehr zurückkehren. Auf dem Weg nach Ossernénon wurde Jogues von einigen Húronen und dem Förster Jean de La Lande begleitet. Unterwegs begegneten sie Irokesen, von denen sie hörten, ihr Stamm sei wieder auf Kriegspfad und wolle die Franzosen angreifen. Zudem machte man die Zauberkünste von Jogues für eine verheerende Missernte und eine todbringende Epidemie verantwortlich. Man betrachtete ihn wegen geistlicher Gewänder und Altargeschirr, das er bei einem früheren Besuch in einem Koffer zurückgelassen hatte, als Hexenmeister. Nach diesen bedrohlichen Informationen verließen die begleitenden Húronen mit einer Ausnahme Jogues und La Lande. Am 17. Oktober 1646 betrat Jogues mitsamt Begleitern wieder Ossernénon. Man überfiel Jogues sofort, nahm ihn gefangen, schlug ihn mit Fäusten und Knüppeln, schnitt ihm mit Messern Fleisch von Armen und vom Rücken, um zu sehen ob es von einem Zauberer stamme. Am

Foto oben: Blick ins Innere eines Langhauses
im „Village Amérindien Mokotakan"
in Mauricie (Québec, Kanada)
Bild unten: Langhaus der Irokesen

nächsten Tag wurde Jogues mit einem Tomahawk erschlagen. Nach einem Fluchtversuch am Folgetag erlitt La Lande dasselbe traurige Schicksal. Die Köpfe der beiden Weißen steckte man auf Palisaden. Ihre Körper warf man in den Fluss. Erst im Juni 1647 wurde der Tod von Jogues und La Lande in Québec bekannt.

Ein Jahrzehnt nach dem Märtyrertod von Isaak Jogues und Jean La Lande kam in Ossernénon ein Mädchen zur Welt, das ganz und gar nicht seinen grausamen Stammesgenossen glich. Der Vater war ein heidnischer Móhawk, die Mutter eine christliche Algónkin. Weil das Mädchen geboren wurde, als die Sonne aufging, erhielt es den Kosenamen „Jorágode" („Sonnenschein"). Das Wort Móhawk soll „Menschenfresser" oder „Sie essen lebendes Fleisch" bedeuten. Ihnen wird nachgesagt, das Fleisch getöteter Feinde verzehrt zu haben. Die Móhawk selbst nannten sich allerdings Kanien'kehá∙ka" („Leute vom Land des Feuersteins").

Bei den Irokesen, die sich selbst als Haudenosaunee („Leute des Langhauses" bezeichneten, gab die Mutter jeweils gleich nach der Geburt ihrem Kind einen Kosenamen. Dieser wurde bis zum siebten oder achten Lebensjahr beibehalten und dann durch einen persönlichen Namen ersetzt, den Mädchen gewöhnlich bis zum Tod trugen. Jungen dagegen wechselten den Namen erneut, wenn sie mit 17 oder 18 Jahren in den Kriegerstand traten.

Die Mutter von Jorágode gehörte einem Stamm der Algónkin an. Sie hatte mit ihren Eltern in einer Siedlung

Bild auf Seite 15:

Kampf zwischen Irokesen und Algónkin
am Lake Champlain.
Der Kupferstich basiert auf einer Zeichnung
von Samuel de Champlain (1574–1635)
von 1609.

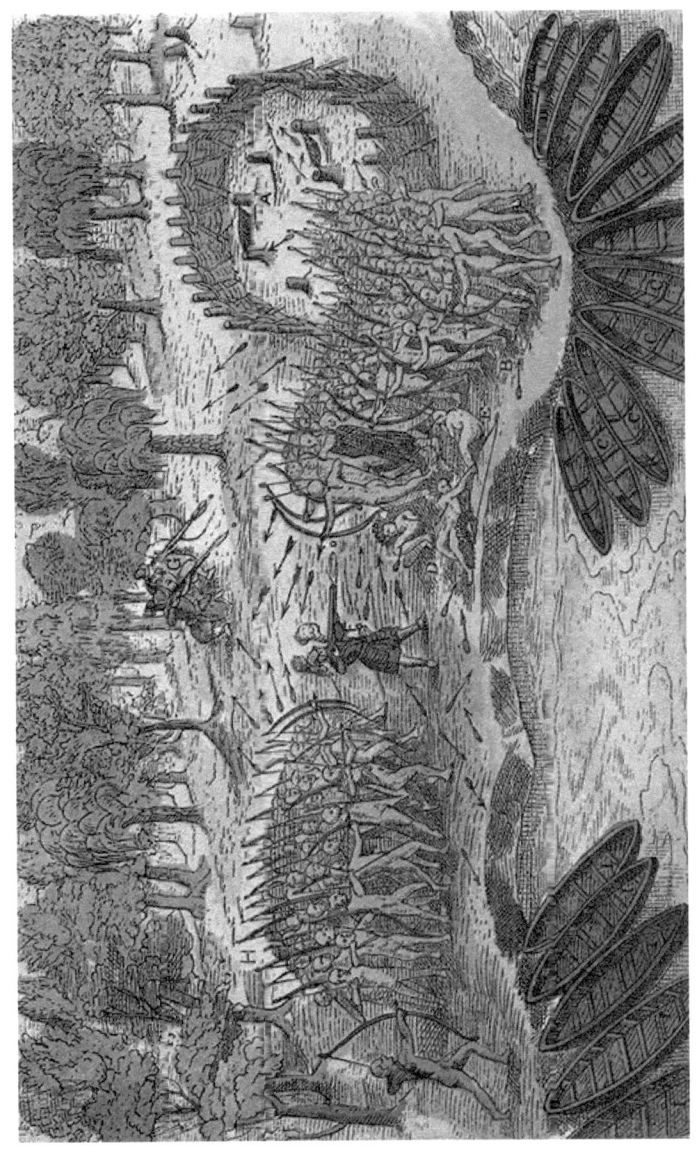

am Sankt-Lorenz-Strom in Kanada gewohnt. In früher Jugend wurde sie zur Waise und danach von einer französischen Familie in Trois-Rivières (Neufrankreich) katholisch erzogen. Um 1653 geriet die etwa Zwölf-jährige bei einem Überfall in die Gewalt der Móhawk. Fortan arbeitete sie als Sklavin im Haushalt des Kriegers, der sie gefangen genommen hatte. Im Alter von 19 Jahren wurde sie die Frau des jungen Häuptlings Tsónitowa. Ihren christlichen Glauben konnte sie nur heimlich praktizieren, weil die Móhawk die Franzosen und ihre katholischen Missionare hassten.

1658 schenkte die Mutter der etwa zweijährigen Jorágode einem Jungen das Leben. Das Mädchen fand seinen jüngeren Bruder nach seiner Geburt „süß". Deswegen bekam der Junge den Kosenamen „Otsikéta" („Zucker").

1660 starben die Mutter, der Vater und der Bruder von Járagode an Pocken. Die Pocken grassierten oft unter den Indianern und rafften manchmal bis zu 90 Prozent der Stammesangehörigen hinweg. Auch die etwa vierjährige Járagode litt an dieser Krankheit, wurde jedoch von Anastasia Tegonhadsihóngo, einer christ-lichen Freundin ihrer Mutter, gesund gepflegt. Danach trug das Gesicht der Kleinen zahlreiche Pockennarben. Außerdem wurde sie stark kurzsichtig und so em-pfindlich gegen helles Sonnenlicht, dass sie im Freien ihr Kopftuch über die Stirn zog, um die Augen zu beschatten.

Nach dem Tod ihrer Eltern lebte Jarágode bei ihrem Onkel, dem Krieger Jowanéro („Kalter Wind"), der Karitha („Köchin"), die Schwester ihres Vaters, geheiratet hatte. Jowanéro, auch Atasàta oder Kryn genannt, wurde neuer Kriegshäuptling der Schildkrötensippe („Turtle Clan") der Móhawk und zog mit seiner Frau, seiner verwitweten Schwester Aróson („Eichhörnchen") und dem zwölfjährigen Waisenkind „Onída" („Mond") in Tsonitówas Langhaus.

Einige Monate nach dem Ende der Pockenepidemie verließen die Móhawk im Spätsommer 1660 Ossernénon. Derartige Umzüge erfolgten bei den Irokesen oft und meistens nach Missernten, Überschwemmungen oder Krankheiten. Etwa eine halbe Meile von Ossernénon entfernt lag jenseits eines Baches, den die Weißen als Auries bezeichneten, ein Hügel, der oben flach war und dessen nördliche Flanke steil zum Móhawk-Fluss abfiel. Holländer von Oranje hatten den Móhawk empfohlen auf einen benachbarten Hügel umzuziehen, wo frische Luft und ständiger Westwind eine Epidemie nicht so leicht entstehen ließen. Die neue Siedlung trug den Namen Gandaouagué (auch Gandawagué oder Ganawage genannt), zu deutsch „An den Wasserwirbeln", wie der Hügel, auf dem sie sich befand. Der Móhawk-Fluss brauste an dieser Stelle über Felsblöcke, die seinen Lauf einengten.

Im neuen Langhaus von Gandaouagué streckte die halb blinde Jarágode oft die Arme vor, um nicht anzustoßen, und tastete sich voran. Deswegen nannte ihr Stiefvater sie scherzhaft „Te ka kwithwa". Zu Deutsch heißt dies etwa „Die gegen Dinge stößt" oder „Die mit der Hand voraus geht". Nach ihrem siebten Geburtstag wurde Tekakwitha ihr endgültiger Name. Fortan übernahm

Jakob Herzog von York und Albany (1633–1701),
Porträt des deutschstämmigen Hofmalers
Sir Godfrey Kneller (1646–1723) aus den 1680-er Jahren

sie immer mehr Arbeiten im Haushalt. Sie sammelte Brennholz, holte frisches Wasser von der Quelle, sammelte Beeren und Pilze, lernte kochen, flechten, weben und nähen.

Im September 1664 verloren die Holländer ihre Kolonie Neu-Niederlande in Nordamerika an die Engländer. Jakob Herzog von York und Albany (1633–1701) sowie Bruder des englischen Königs Karl II. (1630–1685), hatte eine Flotte von Kriegsschiffen in die „Neue Welt" geschickt, um die Kolonie Neu-Niederlande zu erobern. Der holländische Statthalter ergab sich, ohne Widerstand zu leisten. Denn seine Untertanen – friedliebende Bauern, Handwerker und Händler – waren nicht bereit, gegen die Eindringlinge einen Krieg zu führen. Die Kolonie Neu-Niederlande wurde dem Herzog von York und Albany zugesprochen. Nach ihm hat man die bisherige Hauptstadt Neu-Amsterdam als New York sowie die kleine Stadt und das Fort von Oranje am Hudson River als Albany bezeichnet. Für die Móhawk änderte sich nicht viel. Sie tauschten weiterhin mit den Holländern in Albany ihre Biberfelle gegen Schnaps, andere Waren und Feuerwaffen. Mit den Holländern und Engländern pflegten die Móhawk gute Beziehungen. Dagegen hassten sie die Weißen („Onserónni") in Kanada sowie die Húronen und Algónkin-Indianer und unternahmen immer wieder Kriegszüge an den Sankt-Lorenz-Strom. Dabei töteten sie, nahmen Gefangene, die sie folterten, ermordeten oder als Sklaven hielten.

Im Oktober 1666 erlebte die ungefähr zehnjährige Tekakwitha die Strafexpedition französischer Truppen

Neu-Amsterdam bzw. New York im Jahre 1664,
Gemälde von Johannes Vingboons (1616–1670)

aus Kanada gegen die Móhawk. Der Grund: Die Móhawk hatten den im Juni 1666 von den fünf Stämmen des Irokesenbundes – den Móhawk, Oneída („Volk des stehenden Steins"), Onondága („Volk auf den Hügeln"), Cayúga („Menschen der großen Sümpfe" und Séneca („Volk von den Felsen") – geschlossenen Frieden gebrochen. Sie hatten mehrere Franzosen während der Jagd überfallen, einen Hauptmann und zwei Soldaten getötet und die Überlebenden gefangengenommen.

Der Irokesenbund war etwa zwischen 1559 und 1570 nach verlustreichen Kriegen mit den Algónkin-Stämmen gegründet worden. Die Algónikin nannten sie Irinakhoiw oder kurz Iroqu („Klapperschlangen"). Mit dem französischen Suffix ois entstand die in der französischen und englischen Sprache gebräuchliche Bezeichnung Iroquois, zu deutsch „Irokesen".

An der Strafexpedition der Franzosen unter dem Befehl von General Alexandre de Prouville de Tracy (um 1596/1603–1670) gegen die Móhawk beteiligten sich rund 1.200 französische Soldaten. Die Móhawk flohen vor dieser Streitmacht in die Wälder. Ihre Felder wurden von den Franzosen geplündert und ihre verlassenen Siedlungen ohne Kampf und Blutvergießen vernichtet. 1667 schlossen die Móhawk mit den Franzosen wieder Frieden. Die Indianer mussten sich unterwerfen und katholische Missionare der Jesuiten in ihre Dörfer aufnehmen.

Im Dezember 1667 kamen die Patres Jacques Frémin (1628–1691), Jacques Bruyas (1635–1712) und Jean Pierron (1631–um 1700) in das Dorf Gandaouagué.

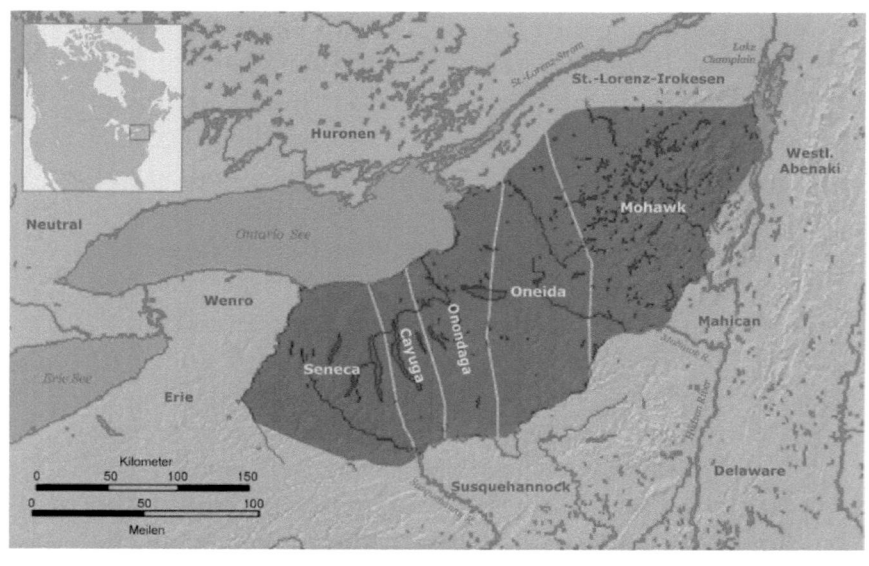

Verbreitung der fünf Stämme des Irokesenbundes
(von links nach rechts):
Seneca, Cayúga, Onondaga, Omeida und Móhawk.
Karte von „Nikater" bei „Wikipedia"

*General Alexandre de Prouville de Tracy
(um 1596/1603–1670),
Porträt eines unbekannten Künstlers*

Jarágode musste für diese „Schwarzröcke" kochen, ihnen die Schüsseln mit dem Essen reichen, ihnen Wasser holen und darauf achten, dass das Feuer nicht ausging. Bald war sie von der Frömmigkeit und vom höflichen Umgang der Patres beeindruckt. Einer der drei Patres, nämlich Pierron, blieb länger und konnte sogar einige Indianer zum christlichen Glauben bekehren.

Von 1666 bis 1669 hatten sich die Irokesenstämme der mit ihnen verfeindeten Móhikaner zu erwehren, die sie vernichten wollten. Im Sommer 1669 griffen einige hundert Móhikaner die Siedlung Gandaouagué an, in der Tekakwitha lebte. Während der erbitterten Kämpfe halfen die 13-jährige Tekakwitha und andere indianische Mädchen dem medizinisch bewanderten Pater Pierron, Verwundete zu pflegen, Tote zu begraben sowie die Verteidiger mit Essen und Trinken zu versorgen.

Die angreifenden Móhikaner zogen nach vier Tagen wieder ab, weil den verteidigenden Móhawk in Gandaouagué immer mehr Krieger aus benachbarten Dörfern zu Hilfe eilten. Zudem neigte sich der Vorrat der Móhikaner an Kugeln und Pulver langsam zu Ende. Bei der Schlacht in der Waldschlucht von Kinakarióres (heute: Hoffmann, New York) besiegten die verfolgenden Móhawk die abziehenden Móhikaner. Eigentlich waren die etwa 300 Móhawk den rund 500 Móhikanern zahlenmäßig unterlegen, aber ihre Kampfeswut und Tapferkeit gaben den Ausschlag. Durch die Hand des Móhawk-Häuptlings Ganeagówa („Großer Móhawk") fiel auch der große Móhikaner-Häuptling „Chickatábutt (,,Brennendes Haus").

Nach dem Sieg wurden in Gandaouagué zehn gefangene Móhikaner, darunter vier Frauen, die ihren Kriegern gefolgt waren, drei Tage lang gefoltert. Pater Pierron bat inständig um Schonung der Gefangenen, aber er stieß damit bei Häuptling Ganeagówa auf taube Ohren: Solange die Móhawk-Krieger den alten Göttern dienten, würden gefangene Feinde gefoltert und getötet, so verlange es die Sitte der roten Männer. Der Pater durfte mit den todgeweihten Móhikanern sprechen, sie trösten und ihnen die christliche Taufe spenden.

Männer, Frauen und Kinder der Móhawk sahen in Gandaouagué vergnügt zu, als die zehn Móhikaner furchtbare Qualen erdulden mussten. Die Marter begann jeweils gegen Mittag und zog sich bis zum Sonnenuntergang dahin, dann folgten andere „Vergnügen". Die Gefangenen lagen vor dem Langhaus des Rates auf hölzernen Plattformen. Ihre Hände und Füße hatte man an Pflöcke gebunden. Junge Móhawk-Krieger sorgten dafür, dass jeder Gefangene eine neue Qual durchlitt. Sie schnitten die Nase oder die Ohren ab, rissen mit Zangen Finger- und Zehennägel aus, brannten das Fleisch ihrer Opfer mit Fackeln und verbrühten deren Brust mit heißem Wasser.

Die sechs gefolterten Krieger der Móhikaner stöhnten und ächzten, klagten aber nicht. Dagegen schrien, weinten und jammerten die vier Móhikanerinnen. Anders als ihre übrigen Stammesgenossen weidete sich die 13 Jahre alte Tekakwitha nicht an den Qualen ihrer

25

Bild auf Seite 27:

Darstellung einer Hirschjagd der Húronen
von Samuel de Champlain (1574–1635):
Huronen-Indianer machen Lärm
und treiben Hirsche auf einen V-förmigen Zaun zu,
wo die Tiere gefangen und getötet werden.

Feinde. Sie kauerte in ihrer Unterkunft, empfand Mitleid mit den gequälten Móhikanern und weinte ihretwegen. Bei den Foltern am dritten Nachmittag starben die zehn Móhikaner durch einen tödlichen Schlag.

1671 hatte ein Ehestreit des Móhawk-Häuptlings Ganeagówa mit seiner christlichen Frau Satékon („Ebenmaß") in Gandaouagué ungeahnte Folgen. Die Beiden konnten sich nicht über die Erziehung ihrer Tochter einigen. Weil bei den Móhawk die Jungen und Mädchen im Kindesalter unter der Obhut ihrer Mutter standen, beharrte Satékon auf ihrem Recht. Frauen hatten bei den Clans der Móhawk einen großen Einfluss im sozialen Bereich. Erzürnt verließ Geneagówa seine Familie und jagte in den Wäldern. Nach etwa zwei Monaten gelangte er in das christliche Indianerdorf La Prairie am Sankt-Lorenz-Strom in Kanada. In diesem „Dorf des Gebetes" lebten katholische Húronen, Algónkin und Móhikaner friedlich zusammen. Dort kam Ganeagówa wieder zur Ruhe. Er beschloss, Christ zu werden, ließ sich nach einigen Monaten auf den Namen Josef Togwirui taufen und kehrte zu seiner Familie nach Gandaouagué zurück. Zwei Tage später reiste Ganeagówa mit seiner Frau und mehr als 30 christlichen Móhawk nach Kanada. Fortan war er Häuptling und Katechet in Caughnawaga. Er starb gegen Ende 1690 bei einem Überfall feindlicher Indianer auf seinen Jagdtrupp am Salmon River („Lachsfluss") im heutigen US-Bundesstaat Washington.

In Gandaouagué lebten in den 1670-er Jahren neben schätzungsweise 20 bis 30 christlichen Familien immer noch viele heidnische Móhawk. Diese verehrten zwar seit einigen Jahren nicht mehr öffentlich der Kriegsgott Aréskoi, folterten aber nach gewonnenen Kämpfen weiterhin ihre Gefangenen und töteten sie. In den Langhäusern der Heiden trieben Zauberer und Medizinmänner noch ihr Unwesen.

Obwohl sie sonst immer ihrem Onkel Jowanéro sowie ihren Tanten Karitha und Aróson gehorchte, wehrte sich Tekakwitha im heiratsfähigen Alter gegen den Wunsch ihrer Verwandten, zu heiraten. Als ihre Tanten ohne ihr Wissen den Eltern des jungen Kriegers Ojónkwire („Der Pfeil") sagten, Tekakwitha biete ihm die Ehe an, fiel sie nicht auf diese List herein: Sie rannte aus dem Haus davon, als sie überraschend mit dem Bewerber verkuppelt werden sollte. Damals war sie noch keine Christin und hatte mit keinem Missionar gesprochen.

In der Folgezeit behandelten die verärgerten Tanten Karitha und Aróson ihre Neffin Tekakwitha wie eine Sklavin. Sie luden ihr die schwersten Arbeiten auf, kritisierten sie oft als dumm, faul oder ungehorsam und bezichtigten sie, sie sei boshaft und gemein. Nach einigen Monaten gaben sie die Quälereien auf und hegten keine Heiratspläne mehr.

Im Frühjahr 1675 stürzte Tekakwitha und verletzte sich dabei schwer an einem Fuß. Als der Pater Jacques Lamberville (1641–um 1710) an ihrer Unterkunft vorbeiging, rief sie ihn herbei und erklärte ihm im Beisein zweier verdutzter älterer Squaws, sie wolle Christin werden. Der Geistliche antwortete, sobald ihr Fuß geheilt sei, könne sie zum Unterricht kommen. Drei

Pater Jacques Lamberville (1641–um 1710),
Zeichnung eines unbekannten Künstlers

Wochen später teilte die inzwischen gesunde Tekakwitha ihrem Onkel Jowanéro ihre Absichten mit. Statt einer Antwort spuckte er verächtlich ins Feuer und rauchte seine Pfeife weiter.

Am nächsten Morgen besuchte Tekakwitha erstmals die Unterkunft der Mission. Acht Monate nach Beginn des Taufunterrichts wurde sie im Alter von 20 Jahren am Ostersonntag, 5. April 1676, zusammen mit zwei anderen Mädchen in der kleinen Kirche von Gandaouagué durch Pater Lamberville getauft. Hierfür hatte sie den Namen Catherine (Katharina) gewählt. Ihr Vorbild war die heilige Katharina von Siena (um 1347–1380), deren Lebensweise und strenge Askese sie nachahmte. In der Sprache der Irokesen hieß sie „Katerí". So sprachen sie die Missionare und die katholischen Stammesgenossen an, ihre heidnischen Verwandten dagegen vermieden das christliche Wort „Katerí".

Weil sie als Katholikin am Sonntag nicht auf dem Feld arbeiten durfte, erhielt Katerí an diesem Tag von ihren Verwandten nichts mehr zu essen. Für die Zeit, die sie an Wochentagen in der Kirche verbrachte, entzog man ihr einen Teil der täglichen Nahrung. Bald war Katerí abgemagert und oft erschöpft.

Ab Frühjahr 1677 wurde der Weg zur Kirche in Gandaouagué für Katerí immer mehr zur Qual. Oft bewarfen heidnische Stammesgenossen sie mit kleinen Steinen. Wiederholt verstellten ihr betrunkene Krieger den Weg, beschimpfen sie und drohten ihr mit der Faust oder dem Tomahawk. Freche Burschen forderten sie auf, mitzukommen und mit ihnen lieber Sex zu genießen

Katharina von Siena (um 1347–1380)
Fresko von Andrea Vanni (1332–um 1414) um 1400
in der Kirche S. Dominico in Siena (Italien)

als Gebete in der Kirche zu plappern. Wenn Katerí zur Kirche ging, rotteten sich Jungen und Mädchen zusammen, stellten sich vor sie, zogen ekelhafte Grimassen und spuckten vor ihr aus.

Im September 1677 stürzte ein wilder Krieger mit Kriegsbemalung in das Langhaus, in dem sich Katerí gerade allein aufhielt. Laut fluchend erhob er seinen Tomahawk wie zum tödlichen Schlag. Katerí wich vor dem unheimlichen Besucher nicht zurück und schrie auch nicht um Hilfe. Stattdessen schloss sie ihre Augenlider, kreuzte ihre Arme vor ihrer Brust und neigte ihr Haupt. Der sich rasend gebärdende Krieger, der sie offenbar „nur" erschrecken wollte, starrte sie entsetzt an, zauderte, senkte den Tomahawk und rannte aus dem Haus.

Nach diesem aufregenden Vorfall im Langhaus unternahm der Onkel Jowanéro nichts mehr, um Katerí vom Christentum abzubringen und wies deren Tanten Karitha und Aróson an, sie in Ruhe zu lassen. Von den Tanten wurde Katerí nun nicht mehr offen gequält, sondern heimtückisch verleumdet. Sie behaupteten, Katerí sei gemein, böswillig, frech und mache verheirateten Männern schöne Augen.

Das Leben bei den Móhawk in Gandaguagué war Katerí inzwischen so verleidet, dass sie in schlaflosen Nächten immer öfter an die im christlichen Gebetsdorf am Sankt-Lorenz-Strom friedlich zusammenlebenden Menschen dachte. 1676 hatte man das erwähnte christliche Indianerdorf La Prairie einige Meilen stromaufwärts nahe der Wirbel und Schnellen

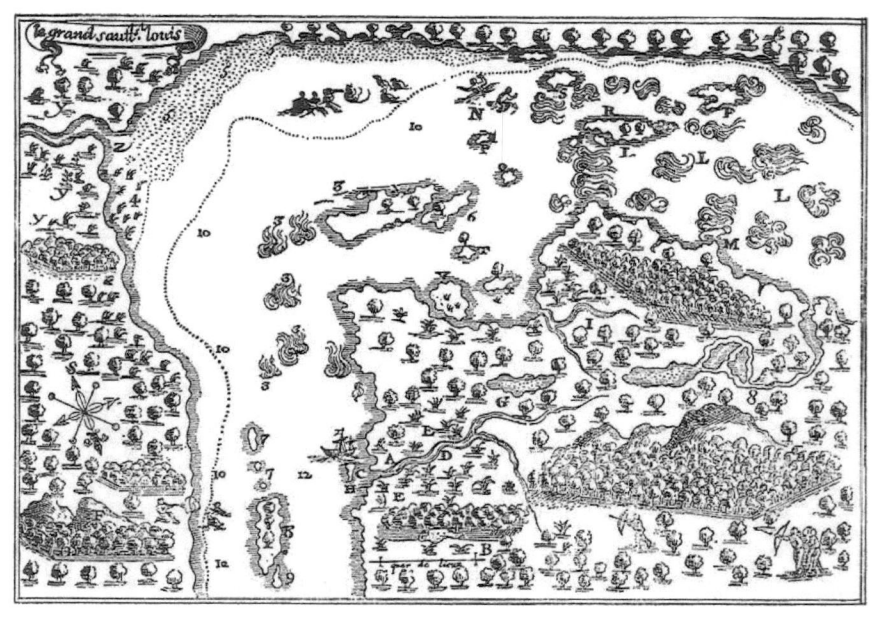

*Sault-Saint-Louis-Stromschnellen
(heute Lachine-Stromschnellen) am Sankt-Lorenz-Strom
auf einer Karte von Samuel de Champlain
von 1611*

des Sankt-Lorenz-Stroms verlegt. Die Franzosen bezeichneten jenen Ort als Sault („Stromschnellen"). Dagegen sprachen die Indianer von Conawage („An den Wasserwirbeln") und die Weißen von Caughnawaga. Dort wirkten drei Jesuitenpatres als Seelsorger für etwa 300 Familien und für durchreisende Indianer. Im Dorf lebten „Algónkin, Húronen und Irokesen, von denen die meisten Móhawk waren. Die Aufsicht oblag vier Häuptlingen. Einer davon war der erwähnte Móhawk-Häuptling Josef Ganeagówa, der andere der Irokesen-Häuptling Ludwig Garonjáge („Himmel"), von den Weißen „Centre Chaude" („Gluthaufen") genannt.

Knapp ein Jahr nach ihrer Taufe flüchtete Tekakwitha im Juli 1677 mit Hilfe von drei christlichen Indianern (Häuptling Garonjáge und zwei Indianern namens Onas und Jakob) im Morgengrauen aus Gandaouagué. Ihr Onkel Jowanéro hielt sich bei einem holländischen Kaufmann in Skenedáde auf, als er erfuhr, dass Katerí verschwunden war. Er jagte erfolglos hinterher.

Nach dreiwöchiger Reise kam Katerí in der mehr als 200 Meilen (etwa 330 Kilometer) entfernten, nach dem heiligen Franz Xaver (1506–1552) benannten „Francis-Xavier-Mission" an den Sault-Saint-Louis-Stromschnellen (heute Lachine-Stromschnellen) am Sankt-Lorenz-Strom in Kanada an. Zum dortigen christlichen Indianerdorf Caughnawaga gehörten damals 22 Langhäuser, die von je zwei „Headman" der Huronen und Irokesen geführt wurden. Durch Zuzug

Sault-Saint-Louis-Stromschnellen
(heute Lachine-Stromschnellen)
am Sankt-Lorenz-Strom in Kanada

Heiliger Franz Xaver (1506–1552),
auch Francisco de Gassu y Javier
oder Francisco de Jassu y Azpilcuetea,
einer der Pioniere christlicher Mission in Asien
und Mitbegründer der Gesellschaft Jesu,
Japanisches Porträt im „Kobe City Museum"

gewannen die Móhawk bald zahlenmäßig ein Übergewicht.

In Caughnawaga wohnte Katerí in einem Langhaus zusammen mit dem Ehepaar Onas und Onida mit ihren zwei Kindern sowie mit ihrer erwähnten Freundin Anastasia Tegonhadsihóngo. Herrin und Mutter dieses Hauses war Anastasia.

Die christlichen Indianer von Caughnawaga gingen nach den Weihnachtsfeiern in die Wälder des südlichen Berglandes, wo die Wigwams der Adirondack-Indianer („Sie essen Bäume") lagen. Dort teilten sie sich in Gruppen auf und errichteten Lager. Die Männer jagten, fischten, teilten Fleisch und Felle. Die Frauen kochten, bearbeiteten Tierhäute, nähten, stickten und sangen.

Wenn die Arbeit im Winterlager getan war, wanderte Katerí allein in den Wald zu einem Schlupfwinkel unter großen Tannen. Dort schnitt sie ein Kreuz in den Stamm einer Tanne. Vor diesem Kreuz kniete sie im Schnee, betete etwa eine Stunde lang und achtete nicht auf die Kälte. Jene tägliche Gebetsübung erweckte bei einer eifersüchtigen Indianerfrau im Winterlager den Verdacht, Katerí treffe sich heimlich mit ihrem Mann. Letzterer war ein fröhlicher Mensch, der nach Ansicht seiner Gattin viel zu freundlich mit allen Squaws, darunter auch Katerí, umging.

Kurz vor dem Palmsonntag kehrten die christlichen Indianer aus dem Winterlager nach Caughnawaga zurück. Katerí wäre lieber im „Dorf des Gebetes" geblieben, um das tägliche Messopfer nicht zu verpassen.

Nach der Rückkehr ging die eifersüchtige Indianerfrau zu Pater Pierre Cholonec (1641–1723) und berichtete ihrem von ihrem Verdacht gegen Katerí. Der Pater sprach deswegen mit Katerí und diese klärte das Missverständnis auf. Sie habe im Wald mit jemand gesprochen, erklärte sie, aber nicht mit einem Menschen, sondern mit Gott.

Am letzten Sonntag im April 1678 traf Katerí unter einem großen Holzkreuz auf einem Hügel am Ufer des Sankt-Lorenz-Stroms die 28-jährige Oneida-Indianerin Thérèse Tegaiagonta. Deren Mann war zwei Jahre zuvor bei der Winterjagd am Ottawa-Fluss gestorben. Thérèse gehörte zeitweise dem Geheimbund des „Schwarzen Tanzes" an und war dem Alkohol und anderen Lastern verfallen gewesen. Nach einer Beichte hatte sie Gott eine Buße versprochen, aber noch nicht vollbracht. Deswegen bat Thérèse darum, Katerí soll ihr dabei helfen, die geplante Buße in Angriff zu nehmen.

Im Sommer 1678 fuhren Katerí und andere Indianerfrauen aus Caughnawaga in zwei Kanus auf dem Sankt-Lorenz-Strom hinab zur rund 1.000 Einwohner zählenden Siedlung Ville-Marie, wie Montreal damals hieß. Dort wollten die Frauen ihre Handarbeiten verkaufen. Anders als die übrigen Frauen gingen Katerí und Thérèse nicht sofort zum Marktplatz, sondern zum Hotel Dieu (Spital). Katerí hatte erfahren, dass dort weiße unverheiratete Frauen, die viel beteten, Kranke pflegten, Armen halfen und Kinder unterrichteten. Bei einer Führung im Spital hörte Katerí erstmals etwas über Klosterfrauen. Außerdem lernte sie, dass Frauen ebenso wie Patres auf die Ehe verzichten konnten.

Als sie in Caughnawaga mit Thérèse unter dem Holzkreuz am Flussufer saß, erklärte Katerí, sie wolle das Gelöbnis der Jungfräulichkeit ablegen, wie es die weißen Schwestern in Ville-Marie taten. Auch Thérèse war zu diesem Schritt bereit. Dass Katerí nicht heiraten wollte, bereitete ihren Freundinnen Onida und Anastasia große Sorgen. Katerí sei jetzt fast 23 Jahre alt, die meisten Indianermädchen heirateten bereits mit 18 bis 20 Jahren. Nur Pater Cholonec zeigte für die Haltung von Katerí gewisses Verständnis.

Zur nächsten Winterjagd kam Katerí nicht mit. Stattdessen blieb sie im Winter in Caughnawaga. Sie lebte allein im Haus, wo sie Gebete und Bußübungen verrichtete.

Nach den Vorstellungen der Jesuiten gehörten Jungfräulichkeit, religiöse Hingabe, Selbstkasteiung (Selbstzüchtigung) und Verzicht auf weltlichen Besitz, den man den Armen schenken sollte, zum Leben eines Heiligen. Hinzu musste noch Wunderwirksamkeit nach dem Tod kommen. In Caughnawaga stand allerdings nicht die freiwillige Armut im Vordergrund, sondern die Selbstkasteiung.

Gleich mehrere Frauen in Caughnawaga unterzogen sich freiwilligen Entbehrungen und Leiden um eines höheren Gutes willen. Weihnachten 1676 beispielsweise ging eine schwangere Frau auf den Friedhof und stellte sich im Schneetreiben nackt vor das dortige Kreuz. Beinahe wäre sie mitsamt ihrem ungeborenen Kind ums Leben gekommen. Ihrem Vorbild folgten weitere Frauen, die neue Wege der Buße beschritten. Einige Frauen stürzten sich im Winter unter das Eis im Fluss. Eine Mutter tauchte sogar ihre sechsjährige Tochter im eiskalten Wasser unter, um diese für Sünden zu bestrafen, die sie später als Erwachsene begehen würde. Männer und Frauen in Caughnawaga geißelten sich mit Dornen, Stöcken und Brennesseln. Manche fasteten fast ständig oder legten sich glühende Kohlen zwischen die Finger. Weitere selbstauferlegte Bußen waren, barfuß an winterlichen Prozessionen teilzunehmen, sich die Haare abzuschneiden oder sich zu verunstalten, um nicht heiraten zu müssen.

Katerí besuchte in Caughnawaga jeden Vormittag alte und kranke Stammesgenossen und kümmerte sich um sie. Sie brachte ein beliebtes Gericht der Indianer namens Sagamité mit. Dabei handelte es sich um einen heißen Brei aus gestoßenem Mais, der mit Bohnen und Fleischstücken vermischt und mit Fett übergossen wurde. Außerdem verschenkte Katerí selbst geangelte Fische und Brennholz, richtete das Lager her, holte frisches Wasser von der Quelle, wusch die alten und kranken Menschen und ölte ihnen das Haar ein.

Überdies praktizierte Katerí übertriebene Bußübungen. Ohne Wissen der Patres trug sie einen ledernen Bußgürtel mit kleinen kantigen Eisenstückchen, die ihr Schmerzen bereiteten. Außerdem litt sie fast immer unter Hunger. Nachmittags kniete sie stundenlang in der zeitweise eiskalten Kirche und betete.

Irokesen-Frauen bei der Arbeit:
Eine mahlt Korn, die andere dörrt Beeren.
Gravierung eines unbekannten Künstlers
von 1664

Bei der Rückkehr von der Winterjagd Mitte März 1679 erschraken die Freundinnen und Freunde von Katerí beim Anblick von derem stark abgemagerten Körper. Diese lachte aber nur und meinte, sie sei kräftig genug. Danach arbeitete sie wieder fleißig im Wald, auf dem Feld und im Haus mit.

Am 25. März 1679, dem Fest Mariä Verkündigung, legte die 22-jährige Katerí Tekakwitha das Gelübde der ewigen Jungfräulichkeit ab. Sie war die erste Irokesin, die durch dieses Gelübde den Stand einer „Braut Christi" wählte. Ein anderes Indianermädchen namens Marie Thérèse Gannensagwas von den Seneca-Indianern legte 1684 das Gelübde der Jungfräulichkeit ab und wurde als erste Indianerin eine Klosterfrau.

Fortan lebte Katerí wie eine Nonne. Ihre schönen Kleider, Bänder, Gürtel und Mokassins verschenkte sie. Stattdessen trug sie eine schmucklose Garderobe. Von ihren Bußübungen wusste nur Therese Tegaiaguenta. Mit Therese und einer weiteren Freundin von den Huronen plante Katerí sogar, eine Gemeinschaft indianischer Schwestern auf der Île aux Héron, der Reiherinsel im Sankt-Lorenz-Strom, zu gründen. Doch ein Jesuitenpater riet von diesem Vorhaben ab.

Zeitweise dachte Katerí auch daran, sich ihre Haare abzuschneiden und ständig wie Nonnen einen Schleier zu tragen. Weil ihr dies dann aber doch als zu auffällig dünkte, verzichtete sie darauf.

Die bußwütigen Indianerfrauen Katerí und Therese fasteten, trugen Bußgürtel, setzten sich dünn bekleidet

Kateri Tekakwitha (1656–1680),
Zeichnung eines unbekannten Künstlers von 1717

der Winterkälte aus, litten Durst im Sommer und geißelten sich heimlich im Wald mit Dornenzweigen, bis ihre Schultern bluteten. Einmal schlief Kateri drei Nächte hintereinander auf Dornen.

Täglich ging Kateri bereits morgens um vier Uhr zur Kirche. Tagsüber kümmerte sie sich – wie erwähnt – um Arme und Kranke. Mehrfach am Tag unterbrach sie ihre segensreiche Arbeit, um zu beten. Abends suchte sie wieder die Kirche auf und verließ sie erst zu vorgerückter Stunde.

Im Sommer 1679 erkrankte Kateri schwer, litt zwei Wochen unter starkem Fieber und schien fast dem Tode nahe. Thérèse hatte Angst, die Krankheit von Kateri könne durch das häufige Fasten entstanden sein. Mit Wissen von Kateri informierte Therese der Pater Cholonec über ihre Bußübungen, worauf jener diese verbot. Kateri erholte sich wieder. Kaum als sie gesund war, verrichtete sie ihre gewohnten Arbeiten und betete täglich fünf Mal in der Kirche. Auf Geißelungen verzichtete sie nun, legte aber „raue Zweige" in ihr Bett, weswegen ihr nachts jede Bewegung schmerzte.

Im Herbst 1679 fühlte sich Kateri immer erschöpft und litt ständig an leichtem Fieber. Ihre Gedanken kreisten immer mehr um ihren Tod und sie sehnte sich danach. Ihre einzige Sorge war, sie würde auf Erden zu wenig büßen und beten.

Im Winter 1679/1680 litt Kateri wiederholt an starkem Fieber und war bettlägerig. Deshalb nahm sie erneut nicht an der traditionellen Winterjagd teil. Von einer alten Frau wurde sie mit Sagamité und Wasser versorgt.

Kaum waren die Anfälle überwunden, unternahm Katerí wieder Besuche bei Alten und Kranken und führte Gebetsübungen in der Kirche durch. In dem kleinen Gotteshaus konnte sie aber nicht mehr frei knien, sondern musste sich an die Bank anlehnen. Als die Fastenzeit bevorstand, verstärkte sie ihre Buße. Barfuß ging sie auf dem Eis des zugefrorenen Sankt-Lorenz-Stroms umher und betete den Rosenkranz. Der Schmerz beim Frieren war als Opfer für die Bekehrung ihrer heidnischen Verwandten gedacht.

Einmal drückte sich die fanatische Katerí ein glühendes Holzscheit auf ihren rechten Fuß und erzeugte so – wie die Irokesen bei ihren Sklaven – ein Brandmal. Als ihre Freundin Anastasia Tegonhadsihóngo die große Brandblase auf dem Fuß von Katerí sah, fragte sie, was passiert sei. Katerí log, sie hätte sich nur am Kochfeuer gebrannt.

Im März 1860 litt Katerí wieder unter Fieber, musste das Bett hüten, hatte schlimme Schmerzen und starkes Kopfweh. In der Woche vor dem Palmsonntag war sie so schwach, dass sie sich nicht mehr aufrichten konnte. Jede Bewegung tat ihr furchtbar weh.

Ab Palmsonntag wachte in jeder Nacht ein weibliches Mitglied der frommen „Bruderschaft von der Heiligen Familie" am Krankenlager von Katerí. Am Montag der Karwoche wollte die unvernünftige Schwerkranke zu Ehren des Leidens von Jesus Christus fasten. Doch die alte Frau, die bereits an vielen Krankenlagern gewacht hatte, lehnte dies ab. Zum Fasten sei es jetzt zu spät, Katerí sei schon dem Ende nahe.

Am Dienstag der Karwoche fühlte sich Kateri so schwach und elend, dass man ihren Tod befürchtete. Pater Cholonec brachte ihr deswegen die „Heilige Kommunion".

Am Mittwoch der Karwoche gegen zehn Uhr vormittags erhielt Kateri die „Heilige Ölung". Zu dieser Zeremonie holte man ihre Freundin Therese vom Feld. Nach der „Letzten Ölung" küsste Kateri unter Tränen das Kreuz und flüsterte: „Jesus, ich liebe Dich!" Dann wurde sie bewusstlos.

Am 17. April 1680, einige Minuten nach drei Uhr nachmittags, zuckte das Gesicht von Kateri leicht und ihre Züge entspannten sich. Pater Cholonec unterbrach sein Gebet, beugte sich hinab und betrachtete Kateri eine Zeitlang aufmerksam. Schließlich stand er auf und erklärte: „Kateri ist eben gestorben".

Sofort nach dem Ableben der 24-jährigen Kateri Tekakwitha änderten sich langsam, aber merklich deren Gesichtszüge. In etwa zehn Minuten verschwanden alle Spuren ihres Leidens. Ihr Gesicht wirkte nun frisch und anziehend. Die unschönen Pockennarben waren nicht mehr zu sehen und ein süßer Geruch erfüllte den Raum. Ihr Gesicht hatte die frische hellbraune Farbe eines gesunden Indianerkindes. Um ihre Lippen spielte der Anflug eines Lächelns, wie man es zu Lebzeiten nie bei ihr gesehen hatte.

Nach dem Tod von Kateri stritten die Jesuitenpater vor Ort über den Verbleib ihrer Reliquien. Pater Claude Chauchetière (1645–1709) wollte ihren Leichnam in der Kirche beisetzen lassen. Dagegen trat Pater Pierre Cholenec, der Leiter der Missionsstation von Caughnawaga, anfangs für eine Beisetzung auf dem Friedhof ein.

Einen Tag nach ihrem Tod hat man Katerí am 18. April 1680 begraben. Die wundersame Veränderung ihres Aussehens, die von Hunderten von Augenzeugen beobachtet wurde, hielt bis zur Beerdigung an. Fünf Jahre später verlegte man das „Dorf des Gebetes" einige Kilometer stromaufwärts. Dabei wurden die Gebeine von Katerí mitgenommen. Sie befinden sich heute in der Kirche der „Móhaw-Reservation" von Caughnawaga in einer kostbaren Truhe und sind unter einem Glasdeckel sichtbar. An der Stelle, wo man Katerí begraben hatte, errichtete man wiederholt ein hohes Holzkreuz.

Pater Claude Chauchetière glaubte nach Visionen, den Tod einer Heiligen erlebt zu haben. Anastasia Tegonhadsihóngo und Thérèse Tegaiagonta berichteten, ihre tote Freundin Katerí Tekakwitha sei ihnen in Träumen erschienen. Anastasia beispielsweise sah Tekakwitha, wie diese mit einem leuchtenden Kreuz in der Hand vor ihrem Bett kniete.

Auch Wunder, zahlreiche Gebetserhörungen und Heilungen werden Katerí Tekakwitha zugeschrieben. Bereits kurz nach dem Tod hat man sie verehrt. 1683 soll ein an Katerí gerichtetes Gebet eine Gruppe von Jesuiten vor dem Tod während eines verheerenden Sturms bewahrt haben, bei dem die Missionskirche von Caughnawaga um die Männer zusammenbrach. 1693 heilte André Merliot eine Augenentzündung, indem er eine Novene an Katerí Tekakwitha richtete und mit einer Mixtur aus Wasser, Erde von ihrem Grab und Asche ihrer Kleider die Augen behandelte. 1696 beteuerte ein Kanoniker aus Québec, ein Bittgebet an Katerí habe ihn von einem Fieber und Durchfall befreit.

Der Jesutitenpater Claude Chauchetière zeichnete Katerí Tekakwitha nach ihrem Tod irgendwann zwischen 1682 und 1693 aus dem Gedächtnis. Dieses Bild hängt in der Sakristei der St.-Franz-Xavier-Kirche in der „Móhawk-Reservation" in Caughnawaga. In einem Brief bezeichnete Chauchetière 1694 seine Gemeinde als „Cathérines Stamm". Chauchetière glaubte, Katerí habe ihn nach ihrem Tod mehrfach gerettet. Jean-Baptiste de La Croix de Chevrières de Saint-Vallier (1653–1727), der zweite Bischof von Montreal, bezeichnete Katerí 1688 als „Genoveva von Neufrankreich". Die heilige Genoveva (um 422–502) gilt als Schutzherrin von Paris. Sie erwies sich während schlimmer Zeiten im fünften Jahrhundert für die Bevölkerung von Lutetis, wie Paris damals hieß, als Retterin in höchster Not.

Der erwähnte Jesuitenmissionar Pierre Cholonec schrieb die Berichte von Personen, die Katerí Tekakwitha persönlich begegnet waren, am 27. August 1715 nieder. Pater Pierre-Francois Xavier des Charlevoix (1682–1761), meinte 1744, Katerí werde allgemein als „Patronin Kanadas" anerkannt.

Ab dem 19. Jahrhundert versuchten nordamerikanische Katholiken mehrfach, beim „Heiligen Stuhl" in Rom die Seligsprechung von Katerí Tekakwitha zu erreichen. 1880 wurde für Katerí ein Monument aus Marmor in Form eines Sarkophags errichtet. Sein Sockel trägt in der Sprache der Móhawk die Inschrift: „Katerí Tekak-

Katerí Tekakwitha (1656–1680),
Gemälde von Pater Claude Chauchetière (1645–1709)
zwischen 1682 und 1693

witha. April 17, 1680. Onkwe Onwe-ke Katsitsiio Teiotsitsianckaron" („Kateri Tekakwitha, die schönste Blume, die unter der Indianern geblüht hat".)

1939 wurde eine Versammlung indianischer Katholiken gegründet, die seit 1940 „Tekakwitha Conference" heißt. Diese Versammlung setzte sich mit Gebeten und öffentlichen Aufrufen für die Seligsprechung von Kateri ein. Papst Pius XII. (1876–1958) erklärte am 3. Januar 1943, die Prüfung der Ritenkongregation in Rom habe die heroische Tugend von Kateri Tekakwitha ergeben und ihr gebühre der Titel „Ehrwürdige Dienerin Gottes". Papst Johannes Paul II. (1920–2005) sprach sie am 22. Juni 1980 selig. Im jenem Jahr gründete die „Tekakwitha Conference" ihr Zentrum in Great Falls im US-Bundesstaat Montana. Ab 1983 engagierte sich die „Tekakwitha Conference" international um die Heiligsprechung von Kateri. Am 15. September 1984 erklärte Papst Johannes Paul II. in Huronia (Kanada): „Die selige Kateri Tekakwitha steht vor uns als Symbol des Besten aus dem Erbe, das euch, den nordamerikanischen Indianern, gehört."

Der aus Österreich stammende Jesuit Franz Xaver Weiser (1901–1986), der seit 1938 in den USA lebte, schilderte das Leben und Werk von Kateri Tekakwitha in dem Buch „Das Mädchen der Mohawks", das in englischer und 1969 erstmals auch in deutscher Sprache erschien.

Papst Benedikt XVI. gab am 19. Dezember 2011 die Anerkennung eines Wunders durch die katholische Kirche bekannt, das sich 2006 ereignete hatte und auf

Jean-Baptiste de La Croix de Chevrières de Saint-Vallier (1653–1727), zweiter Bischof von Montreal

Jesuitenpater Pierre-François Xavier des Charlevoix (1682–1761),

Statue von Kateri Tekakwitha (1656–1680)
an der Außenseite der Basilika von Sainte-Annede-Beaupre
bei Québec in Kanada

die Anrufung der seligen Kateri Tekakwitha zurückgeführt wurde. Dabei handelte es sich um die Heilung des sechsjährigen indianischen Jungen Jake Finkbonner im US-Bundestaat Washington. Jake hatte sich 2006 beim Spielen mit einer schweren Krankheit namens „Nekrotisierende Faszilitis" infiziert. Diese Krankheit beginnt mit Schmerzen und Fieber. Innerhalb kurzer Zeit schwellen die betroffenen Stellen an und die Haut bekommt Blasen. Jake litt an einem fortschreitenden Absterben (Nekrose) der Gesichtshaut, die immer wieder operativ entfernt werden musste. Weil ihnen Ärzte mitgeteilt hatten, ihr Sohn werde wohl sterben, holten der Vater Donny Finkbonner und die Mutter Elsa einen Priester. Mit Gebeten riefen sie die selige Kateri Tekakwitha an, weil deren Pockennarben – laut Legende – nach ihrem Tod aus dem Gesicht verschwunden waren. Der Kateri-Kreis an der katholischen „Sant Joachim Church", der Reservatskirche außerhalb von Bellingham, und die „Assumption Cathclic School", die Jake besucht hatte, führten Gebetssitzungen für den Jungen durch. Die Gebetskreise weiteten sich bis nach Denver (Colorado) und schließlich bis nach London und Israel aus. In Great Falls in Montana betete die Móhawk-Schwester und Vorsitzende der „Tekakwitha Conference", Kateri Mitchel, die ein halbes Jahrhundert zuvor den Namen Kateri als Ordensnamen gewählt hatte. Sie brachte eine Reliquie in Form eines Splitters eines Handknochens mit, der bei der letzten Exhumierung von Kateri Tekakwitha 1972 nach Montana gelangt war. Nach der Auflegung dieser Reliquie soll

Der heiligen Kateri Tekakwithe geweihte Kirche
in Dettah in den kanadischen Nordwest-Territorien

der kranke Junge gesund geworden sein. Mit diesem Wunder war eine wichtige Voraussetzung für die Ingangsetzung des Heiligsprechungsverfahrens erfüllt. Papst Benedikt XVI. sprach Katherí Tekakwitha am 21. Oktober 2012 auf dem Petersplatz in Rom heilig. Zur Heiligsprechung waren über 2.000 Indianer, überwiegend Móhawk, aus den USA und Kanada gekommen. Ihr Gedenktag in der Liturgie der römisch-katholischen Kirche ist der 17. April, in Amerika der 14. Juli. Die Móhawk reagierten auf die Heiligsprechung einer der Ihren sehr unterschiedlich. Einem Artikel in der „New York Times" zufolge, waren einige Móhawk stolz, weil Katerí eine von ihnen war. Andere bezweifelten die Wahrheit ihrer Geschichte, wie sie von der Kirche geschildert wurde. Manche hofften, die Heiligsprechung werde die Spannungen zwischen katholischen und traditionellen Indianern lindern. Teilweise herrschte Begeisterung, dass die Kirche den ersten nordamerikanischen Indianer heiliggesprochen habe. Allerdings wünschte man sich, dass dies früher geschehen wäre. Ein traditioneller Móhawk meinte, die Heilige sei überwiegend in alter Tradition erzogen worden und deswegen sei ihre Spiritualität vom alten Glauben. Die Gebeine von Katerí Tekakwitha werden heute in der Kirche der Móhawk-Reservation in Caughnawage in einer kostbaren Truhe mit einem Glasdeckel aufbewahrt. Sie sind das Ziel zahlreicher Gläubiger. Über Katerí Tekakwitha wurden bis zum Ende des 20. Jahrhunderts rund 50 Biografien in zehn Sprachen verfasst. Die nordamerikanische Geschichtswissenschaft, die sich mit dem Verhältnis von Frauen und Mission auseinandersetzte, ignorierte lange die Móhawk und Katerí Tekakwitha. An Katerí erinnern drei Heiligenschreine in den USA, die alljährlich von Tausenden Pilgern besucht werden, der „San Francisco Kateri Circle", das „Kateri Center" in Chicago sowie ein Krankenhaus und eine Schule in Caughnawaga.

Literatur

BUEHRLE, Marie C.: Kateri of the Móhawks, New York City 1962

KATERI TEKAKWITHA:
http://www.tekakwitha.org/biografie-eins.htm
http://www.tekakwitha.org/biografie-zwei.htm

KENTON, Edna (Herausgeber): The Indians of North America, New York City 1927

ÖUMENISCHES HEILIGENLEXIKON
http://www.heiligenlexikon.de/BiographienK/Katharina_Kateri_Tekakwitha.html

PROBST, Ernst: Superfrauen 2 – Religion, München 2014

SPIEGEL ONLINE: Vatikan ehrt Indianerin:
Die heilige Lilie der Mohawk
http://www.spiegel.de/panorama/erste-indianerin-wird-heiliggesprochen-a-861224.html

WALWORTH, Ellen H.: League of the Hodenosauni or Iroquois, 2 Bände, New Haven 1954

WEISER, Franz Xaver: Das Mädchen der Mohawks. Die selige Kateri Tekakwitha, Stein am Rhein 1987

WALWORTH, Ellen H.: Kateri Tekakwitha, Buffalo 1893

WIKIPEDIA: Kateri Tekakwitha,
http://de.wikipedia.org/wiki/Kateri_Tekakwitha

Bildquellen

Ausschnitt eines Gemäldes von Claude Chauchetière (1645–1709), das zwischen 1682 und 1693 entstand: 1 (via Wikimedia Commons), Lizenz: gemeinfrei (Public domain)

Ausschnitt aus einer Zeichnung eines unbekannten Künstlers von 1717: 4

Andrew Balet / CC-BY2.5: 6 (via Wikimedia Commons), lizensiert unter CreativeCommons-Lizenz by-2.5-en, http://creativecommons.org/licenses/by/2.5/legalcode

Andrew Balet / CC-BY2.5: 8 (via Wikimedia Commons), lizensiert unter CreativeCommons-Lizens by-2.5-en, http://creativecommons.org/licenses/by/2.5/legalcode

Reproduktion einer Gravierung von Donald Guthrie McNab (gestorben 1923) zwischen 1640 und 1643: 10

Anne E. / CC/BY/SA3.0: 12 oben (via Wikimedia Commons), lizensiert unter CreativeCommons-Lizenz by-sa-3.0-en, http://creativecommons.org/licenses/by-sa/3.0/legalcode

Reproduktion einer Zeichnung von Wilbur F. Gordy (1854-1929) von 1913: 12 unten

Reproduktion einer Zeichnung von Samuel de Champlain (1574–1635) von 1609: 15 (via Wikimedia Commons), Lizenz: gemeinfrei (Public domain)

Reproduktion eines Porträts von Sir Godfrey Kneller (1646–1723) aus den 1680-er Jahren: 18 (via Wikimedia Commons), Lizenz: gemeinfrei (Public domain)

Reproduktion eines Gemäldes von Johannes Vingboons (1616–1670): 20

Nikater: 22 (via Wikimedia Commons), Lizenz: gemeinfrei (Public domain), (This image is in the public domain because it came from the site http://www.demis.nl/home/pages/Gallery/examples.htm and was released by the copyright holder. Permission is granted to copy, distribute and/or modify this map since it is based on free of copyright images from: www.demis.nl. See also approval email on de.wp and its clarification.)

Reproduktion eines Porträts eines unbekannten Künstlers: 23 (via Wikimedia Commons), Lizenz: gemeinfrei (Public domain)

Reproduktion einer Zeichnung von Samuel de Champlain (1574–1635) von 1609: 27 (via Wikimedia Commons), Lizenz: gemeinfrei (Public domain)

Reproduktion einer Zeichnung eines unbekannten Künstlers: 30

Shakko / Reproduktion eines Freskos von Andrea Vanni (1332–um 1414) um 1400 in der Kirche S. Dominico in Siena: 32 (via Wikimedia Commons), Lizenz: gemeinfrei (Public domain)

Reproduktion einer Karte von Samuel de Champlain (1574–1635) von 1611: 34 (via Wikimedia Commons), Lizenz: gemeinfrei (Public domain)

Abxbay: 36 (via Wikimedia Commons), Lizenz: gemeinfrei (Public domain)

Reproduktion eines japanischen Porträts eines unbekannten Künstlers aus der ersten Hälfte des 17.

Jahrhunderts (Namban-Zeit), Original im Kobe City Museum: 37 (via Wikimedia Commons), Lizenz;: gemeinfrei (Publikc doman)

Reproduktion einer Gravierung eines unbekannten Künstlers von 1664: 42 (via Wikimedia Commons), Lizenz: gemeinfrei (Public domain)

Reproduktion einer Zeichnung eines unbekannten Künstlers um 1717: 44 (via Wikimedia Commons), Lizenz: gemeinfrei (Public domain)

Reproduktion eines Gemäldes von Claude Chauchetière (1645–1709), das zwischen 1682 und 1693 entstand: 50 (via Wikimedia Commons), Lizenz: gemeinfrei (Public domain)

Bibliothèque et Archives nationales du Québec, refernce number P560,S2,D1,P1183, Reproduktion eines Porträts eines unbekannten Künstlers um 1720: 52 (via Wikimedia Commons), Lizenz: gemeinfrei (Public domain)

Reproduktion eines Porträts eines unbekannten Künstlers aus dem 17. Jahrhundert: 53 (via Wikimedia Commons), Lizenz: gemeinfrei (Public domain)

Selbymay / CC-BY-SA3.0: 54 (via Wikimedia Commons), lizensiert unter CreativeCommons-Lizenz by-sa-3.0-en, http://creativecommons.org/licenses/by-sa/3.0/legalcode

CambridgeBayWeather / CC-BY-SA3.0: 56 (via Wikimedia Commons), lizensiert unter Creative Commons-Lizenz by-sa-3.0-en, http://creativecom mons.org/licenses/by-sa/3.0/legalcode

Klaus Benz, Fotograf, Mainz-Laubenheim: 64

Autor Ernst Probst

Der Autor

Ernst Probst, geboren am 20. Januar 1946 in Neunburg vorm Wald im bayerischen Regierungsbezirk Oberpfalz, ist Journalist und Wissenschaftsautor. Er arbeitete von 1968 bis 1971 als Redakteur bei den „Nürnberger Nachrichten", von 1971 bis 1973 in der Zentralredaktion des „Ring Nordbayerischer Tageszeitungen" in Bayreuth und von 1973 bis 2001 bei der „Allgemeinen Zeitung", Mainz. In seiner Freizeit schrieb er Artikel für die „Frankfurter Allgemeine Zeitung", „Süddeutsche Zeitung", „Die Welt", „Frankfurter Rundschau", „Neue Zürcher Zeitung", „Tages-Anzeiger", Zürich, „Salzburger Nachrichten", „Die Zeit", „Rheinischer Merkur", „Deutsches Allgemeines Sonntagsblatt", „bild der wissenschaft", „kosmos", „Deutsche Presse-Agentur" (dpa), „Associated Press" (AP) und den „Deutschen Forschungsdienst" (df). Aus seiner Feder stammen die Bücher „Deutschland in der Urzeit" (1986), „Deutschland in der Steinzeit" (1991), „Rekorde der Urzeit" (1992), „Dinosaurier in Deutschland" (1993 zusammen mit Raymund Windolf) und „Deutschland in der Bronzezeit" (1996). Von 2001 bis 2006 betätigte sich Ernst Probst als Buchverleger sowie zeitweise als internationaler Fossilienhändler und Antiquitätenhändler. Insgesamt veröffentlichte er etwa 300 Bücher, Taschenbücher und Broschüren sowie rund 300 E-Books.

Bücher von Ernst Probst

Malinche
Die Gefährtin des spanischen Eroberers

Pocahontas
Die Indianer-Prinzessin aus Virginia

Cockacoeske
Die „Königin der Pamunkey"

Kateri Tekakwitha
Die erste selige Indianerin in Nordamerika

Saccajawea
Die indianische Volksheldin

Mohongo
Die Indianerin, die in Europa tanzte

Lozen
Die tapfere Kriegerin der Apachen

Superfrauen aus dem Wilden Westen

Superfrauen 1 – Geschichte
Superfrauen 2 – Religion
Superfrauen 3 – Politik
Superfrauen 4 – Wirtschaft und Verkehr

Christl-Marie Schultes.
Die erste Fliegerin in Bayern
(zusammen mit Theo Lederer)
Sturzflüge für Deutschland
Kurzbiografie der Testpilotin Melitta Schenk
Gräfin von Stauffenberg
(zusammen mit Heiko Peter Melle)
Tony und Bruno Werntgen.
Zwei Leben für die Luftfahrt
(zusammen mit Paul Wirtz)

Drei Königinnen der Lüfte in Bayern.
Thea Knorr – Christl-Marie Schultes – Lisl Schwab
(zusammen mit Josef Eimannsberger)
Liesel Bach. Deutschlands erfolgreichste
Kunstfliegerin
Melli Beese. Die erste Deutsche mit Pilotenlizenz
Elly Beinhorn. Deutschlands Meisterfliegerin
Marga von Etzdorf. Die tragische deutsche Fliegerin
Thea Knorr. Eine frühe Fliegerin in München
Angelika Machinek. Eine Segelfliegerin
der Weltklasse
Thea Rasche. The Flying Fräulein
Hanna Reitsch. Die Pilotin der Weltklasse
Lisl Schwab. Eine Kunstfliegerin
aus den 1930-er Jahren
Melitta Gräfin Schenk von Stauffenberg.
Deutsche Heldin mit Gewissensbissen
Beate Uhse. Deutschlands erste Stuntpilotin
Theo Lederer. Ein Flugzeugsammler aus Bayern

69

Königinnen des Films 1
Biografien berühmter Schauspielerinnen
von Lucille Ball bis zu Sophia Loren
Königinnen des Films 2
Biografien berühmter Schauspielerinnen
von Anna Magnani bis zu Mae West
Königinnen des Films in Italien
Gina Lollobrigida – Sophia Loren – Anna Magnani –
Giulietta Masina
Königinnen des Tanzes
Königinnen des Theaters

Elisabeth I. Tudor. Die jungfräuliche Königin
Maria Stuart. Schottlands tragische Königin
Zenobia. Eine Frau kämpft gegen die Römer

Rekorde der Urzeit. Landschaften, Pflanzen
und Tiere
Rekorde der Urmenschen. Erfindungen, Kunst
und Religion

Dinosaurier von A bis K
Dinosaurier von L bis Z
Dinosaurier in Deutschland
Dinosaurier in Baden-Württemberg
Dinosaurier in Bayern
Dinosaurier in Niedersachsen
Raub-Dinosaurier von A bis Z
Archaeopteryx. Die Urvögel aus Bayern
Gastornis. Der verkannte Terrorvogel

70

Der Ur-Rhein. Rheinhessen
vor zehn Millionen Jahren
Als Mainz noch nicht am Rhein lag
Der Rhein-Elefant. Das Schreckenstier
von Eppelsheim
Krallentiere am Ur-Rhein
Menschenaffen am Ur-Rhein
Säbelzahntiger am Ur-Rhein
Deutschland im Eiszeitalter
Höhlenlöwen. Raubkatzen im Eiszeitalter
Der Höhlenlöwe
Säbelzahnkatzen. Von Machairodus bis zu Smilodon
Der Höhlenbär

Affenmenschen. Von Bigfoot bis zum Yeti
Monstern auf der Spur. Wie die Sagen über Drachen,
Riesen und Einhörner entstanden
Nessie. Das Monsterbuch
Seeungeheuer. 100 Monster von A bis Z
Das Einhorn. Ein Tier, das nie gelebt hat
Drachen. Wie die Sagen über Lindwürmer entstanden
Riesen. Von Agaion bis Ymir

Der Schwarze Peter. Ein Räuber im Hunsrück
und Odenwald
Julchen Blasius. Die Räuberbraut
des Schinderhannes
Hildegard von Bingen. Die deutsche Prophetin
Johann Jakob Kaup. Der große Naturforscher
aus Darmstadt

Der Ball ist ein Sauhund. Weisheiten und Torheiten
über Fußball (zusammen mit Doris Probst)
Worte sind wie Waffen. Weisheiten und Torheiten
über die Medien (zusammen mit Doris Probst)
Schweigen ist nicht immer Gold. Zitate von A bis Z

Bestellungen bei: www.grin.com